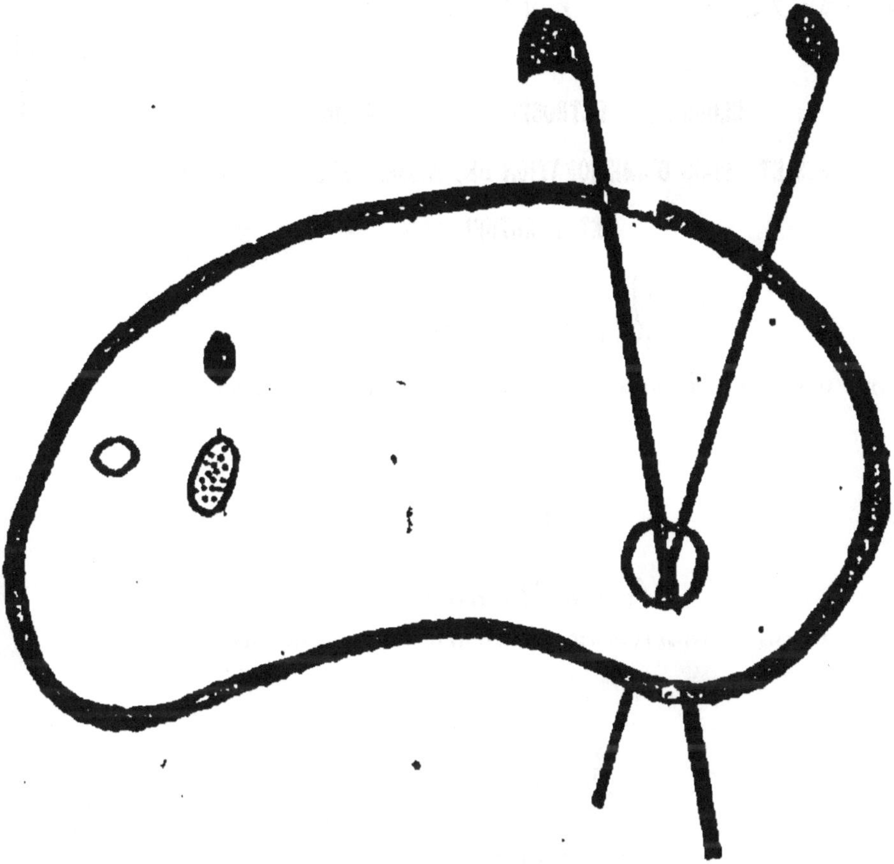

DEBUT D'UNE SERIE DE DOCUMENTS
EN COULEUR

LE
BASSIN D'ARCACHON

GÉOGRAPHIE RÉTROSPECTIVE DU BASSIN
PROJETS ET ESSAIS D'AMÉLIORATION DES PASSES DEPUIS UN SIÈCLE
ÉTAT ACTUEL

COMMUNICATION

FAITE AU CONGRÈS NATIONAL DES SOCIÉTÉS FRANÇAISES DE GÉOGRAPHIE

LE 3 AOUT 1895

PAR

CH. DUFFART

SECRÉTAIRE ADJOINT DE LA SOCIÉTÉ DE GÉOGRAPHIE COMMERCIALE DE BORDEAUX

BORDEAUX

IMPRIMERIE G. GOUNOUILHOU

11, RUE GUIRAUDE, 11

1896

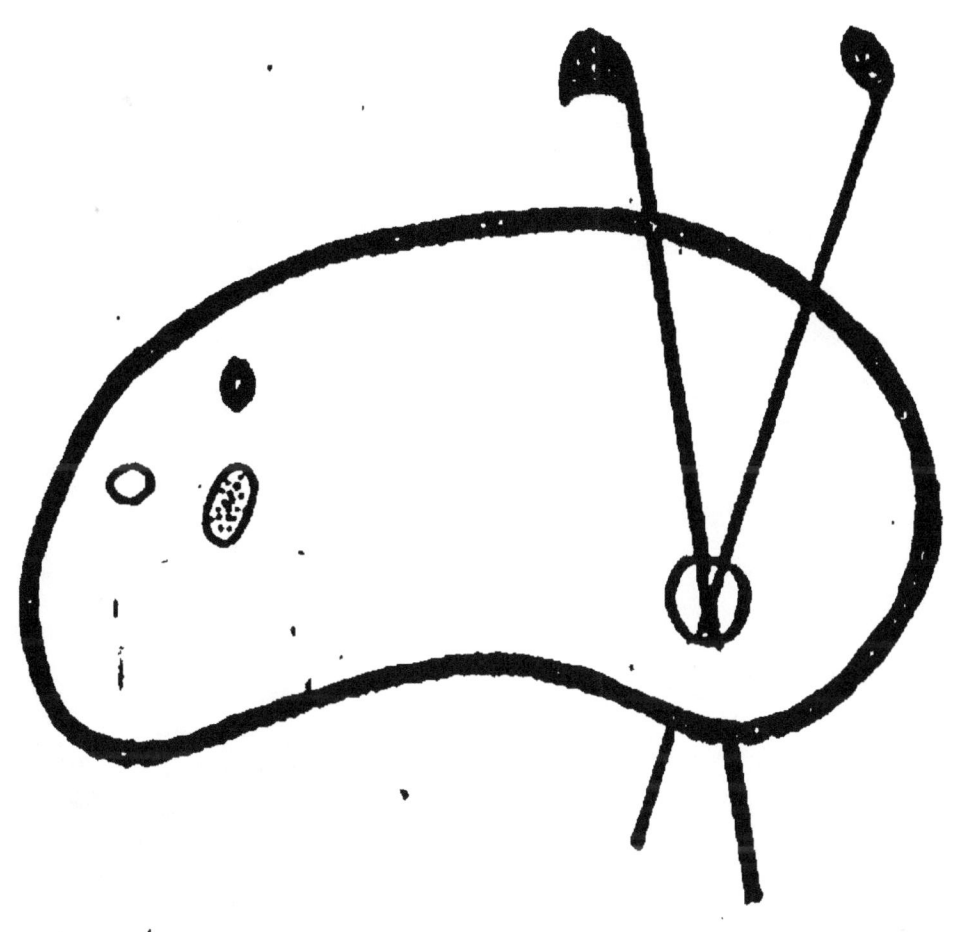

FIN D'UNE SERIE DE DOCUMENTS
EN COULEUR

LE
BASSIN D'ARCACHON

GÉOGRAPHIE RÉTROSPECTIVE DU BASSIN
PROJETS ET ESSAIS D'AMÉLIORATION DES PASSES DEPUIS UN SIÈCLE
ÉTAT ACTUEL

COMMUNICATION
FAITE AU CONGRÈS NATIONAL DES SOCIÉTÉS FRANÇAISES DE GÉOGRAPHIE
LE 3 AOUT 1895

PAR

CH. DUFFART
SECRÉTAIRE ADJOINT DE LA SOCIÉTÉ DE GÉOGRAPHIE COMMERCIALE DE BORDEAUX

BORDEAUX
IMPRIMERIE G. GOUNOUILHOU
11, RUE GUIRAUDE, 11
1896

Du même auteur :

A LA LIBRAIRIE GUILLAUMIN ET Cⁱᵉ, RUE RICHELIEU, 14, PARIS

GÉOGRAPHIE COMMERCIALE

Ouvrage accompagné de 28 planches hors texte, contenant 38 cartes en couleurs. — 1 fort volume in-8°.

Les Anciennes Baies de la côte de Gascogne *de la Gironde à l'Adour.*

La Baie d'Anchises.

Communications faites à la Société de géographie commerciale de Bordeaux.

LE
BASSIN D'ARCACHON

GÉOGRAPHIE RÉTROSPECTIVE DU BASSIN
PROJETS ET ESSAIS D'AMÉLIORATION DES PASSES DEPUIS UN SIÈCLE
ÉTAT ACTUEL [1]

MESDAMES, MESSIEURS,

L'entrée du bassin d'Arcachon subit, depuis quelques siècles, des transformations successives dont on s'est beaucoup préoccupé; mais, depuis vingt années environ, l'attention et les craintes des habitants des bords du bassin se sont portées surtout sur la plage d'Arcachon, que les courants de jusant

---

[1] Cartes accompagnant la communication sur le bassin d'Arcachon, et mises par M. Duffart, pendant son exposé, sous les yeux des membres du Congrès :

Carte du bassin d'Arcachon, par Hondius (1580-1595).
Carte du bassin d'Arcachon, d'après le document de Hondius, par Ch. Duffart.
Le bassin d'Arcachon, du *Flambeau de la mer* (1680).
L'entrée du bassin, croquis d'après Masse (1708).
Le bassin d'Arcachon, par G. de l'Isle (vers 1710).
— par Covens et Mortier (vers 1720).
— par Homano (vers 1720).
— par Renard (1739).
— par l'abbé Dicquemare (1775).
— par le baron Charlevoix de Villers (1783).
— par Bonne, ingénieur hydrographe du Dépôt de la Marine (1790).
— par Cassini de Thury (1787 à 1790).
L'entrée du bassin, par Beautemps-Beaupré (1826).
— par Monnier (1835).
— par Bouquet de la Grye et Caspari (1872 à 1877).
Changements survenus dans l'entrée du bassin (de 1708 à nos jours), par Ch. Duffart.
La plage d'Arcachon (1875-1895), par Ch. Duffart.

corrodent chaque jour davantage, et qui est menacée d'une disparition très prochaine.

La création de parcs à huîtres jusqu'au bord des chenaux n'est pas sans avoir apporté dans le bassin une perturbation néfaste. On est d'autant plus fondé à le penser que c'est précisément à l'époque de début de l'industrie ostréicole par les moyens artificiels, que remontent les premières et plus importantes érosions d'Arcachon, du cap Bernet au débarcadère.

Il ressort clairement de l'examen des cartes de Beautemps-Beaupré, Monnier, Bouquet de la Grye et Caspari, ainsi que des renseignements fournis par les Ponts et Chaussées, que le chenal d'Eyrac ou de Bernet, s'approche de plus en plus d'Arcachon et y forme une concavité.

Il trouve sur la plage un élément très facile d'érosions, tandis qu'il n'a plus d'action sur le banc de crassats de l'île des Oiseaux, composé d'alluvions solides et abrité des vents du nord et du nord-ouest.

Cette situation est aggravée par les courants violents du petit chenal de Cousse, qui viennent du nord-est, au jusant, tournoyer sur la plage d'Arcachon.

C'est ici le cas d'appliquer au bassin une remarque qui permet d'affirmer que, chaque fois que dans sa double direction le courant suivra une rive concave, il l'érodera, et que chaque fois, au contraire, qu'il trouvera une rive convexe, il tendra à déposer sur ses bords des sédiments enlevés à la rive concave.

D'autre part, des travaux qui furent mal dirigés ont été entrepris, il y a quelques années, sur la plage; abandonnés dans un moment inopportun, l'état dans lequel ils ont été laissés a aggravé les érosions qu'on voulait combattre et rendu le mal au moins bien grave, sinon incurable.

Aussi est-il à souhaiter, pour la ville d'Arcachon et les bourgs qui bordent le bassin que, dans le plus bref délai, ces deux questions : « Protection de la plage » et « Amélioration des passes », soient résolues.

Des études importantes et précieuses sur les courants et les températures des eaux du bassin, ainsi que sur la géologie et la climatologie de la région, ont été publiées tout récemment par des hommes ayant sur ces questions une grande compétence.

Je ne reviendrai donc pas en détail sur ces sujets.

Ma communication se bornera à l'examen des modifications successives qui se produisent à l'entrée du bassin, depuis sa formation, et de ce qui a été tenté en vue de remédier à un état de choses désastreux.

LE BASSIN AVANT LE XVIe SIÈCLE

On a rencontré, dans le sous-sol des dunes et dans les alluvions et les vases du bassin d'Arcachon, des amas tourbeux contenant des traces d'animaux et de végétaux ne vivant exclusivement que sur la terre ou dans les eaux douces, d'où il paraît résulter que cette baie est de formation récente et qu'elle doit son existence à un affaissement du sol.

Il est certain qu'à l'époque romaine, au temps où Antonin le Pieux fit dresser l'itinéraire de Bordeaux à Dax et y fit mention de Boïos, la Leyre coulait du sud-est au nord-est, et se jetait à la mer vers Lège, au nord du bassin. Sa rive droite n'a pas dû beaucoup changer depuis, et les bords du bassin, d'Arès à Biganos, en donnent la physionomie à peu près exacte. Sa rive gauche, bordée de marais à l'occident de Boïos, rencontrait un plateau élevé couvert de forêts (l'île des Oiseaux actuelle), au sud duquel des dunes anciennes (la forêt d'Arcachon) étaient venues s'arrêter.

C'est vers le Ve siècle que peut-être les Vandales, et plus tard achevant leur œuvre, les Sarrasins et les Normands, brûlèrent les forêts, dispersèrent les habitants et détruisirent Boïos, ville importante alors, dotée d'un évêché. Peut-être cette destruction fut-elle simplement l'œuvre de la mer.

C'est de cette époque que date la marche de l'ouest à l'est des dunes récentes, dont un cordon devait exister déjà, fixé par les Boïens, dès l'époque romaine.

Plus tard, du VIIIe au XIVe siècle, le bassin subit une série de transformations importantes.

Vers le XIIe siècle, la communication directe, de l'embouchure de la Leyre à la mer, par Lège, fut obstruée par les dunes, et, les eaux d'amont élargissant les fossés et esteys qui existaient au pied des dunes, sur la rive gauche du fleuve, ouvrirent un canal profond allant de l'est à l'ouest, qu'on désignait dès le moyen âge sous le nom de Bernet ou Brunet.

Des passes, à travers les nombreuses îles qui formaient un cordon allant de Lège à l'embouchure du ruisseau de Sanguinet, permettaient l'accès relativement facile de l'Océan au bassin ; mais la formation d'étangs, au nord de Lège et d'Ignac, fut cause de l'ouverture par leurs eaux brusquement rejetées au sud, d'un autre chenal coulant avec force du nord au sud, et qui, changeant le régime du bassin, ne tarda pas à inonder et à faire disparaître en 1241 et 1242 les villages de Boms et de Frontau, et à faire dévier vers le sud-ouest le chenal de Bernet.

Dès cette époque, les passes durent osciller périodiquement, allant du nord au sud, observant une loi naturelle, presque mathématique, devinée par l'ingénieur Wissocq en 1839 et confirmée depuis par les documents cartographiques et les faits, soit :

Une période longue, de soixante à quatre-vingts ans, avec les passes au sud de l'entrée.

Une période courte, de quinze à vingt ans, avec les passes au nord. Cette période toujours brusquement commencée.

Une période de transition de vingt à trente ans, avec les passes au centre de l'entrée, allant doucement vers le sud pour s'y fixer.

DE LA FIN DU XVe SIÈCLE A LA FIN DU XVIIIe SIÈCLE

Nous arrivons aux documents cartographiques.

Pierre Garcie, dit Ferrande, Juan de la Cosa (xve siècle) et Mercator (xvie siècle), font une simple mention de la baie d'Arcaxon.

La carte de Hondt ou Hondius, vers 1595, nous transmet la physionomie du bassin d'Arcachon pendant le xvie siècle.

Tous les villages qui bordent le bassin ainsi que les paroisses y sont indiqués. Les levés topographiques ne sont pas parfaits, mais vu le peu d'étendue du bassin et cette carte ayant été faite surtout pour des navigateurs, on peut se renseigner en se repérant au moyen des points qui n'ont pas changé depuis, et il est facile de rétablir les choses en leur place.

Le cap Ferret s'avançait au sud, en face du cap Bernet, à une distance ouest de celui-ci de deux kilomètres environ.

L'île des Oiseaux appelée Arac, Notre-Dame d'Arcachon et la Pointe de l'Aiguillon y sont portées.

On trouvait à l'entrée Ville-Papo, groupe de deux îles à l'ouest du cap Ferret, et Prigonon, groupe de trois îles au sud-ouest.

Au sud de ces îles, la petite passe, puis la Pile, grande île, ayant à l'est la grande passe et au sud de celle-ci, la Matte, autre grande île, laissant entre elle et la côte une passe étroite.

De la Matte au cap Bernet, on rencontrait dans l'intérieur du bassin trois promontoires : le Vieil-Pile, la Botte ou la Beste et Bernet, dont les pointes étaient au nord-ouest de la côte, laissant entre eux et celle-ci une lagune ou bassin, propre à abriter les barques, et ayant été une passe peu à peu obstruée.

Le *Flambeau de la mer* traduit du flamand par Yvounet en 1680 est un document très précieux. La carte du bassin avec les fonds est la plus complète de l'époque.

La Pile et la Matte, devenues bancs de sable, ont rejoint la côte et s'y sont soudées, comme avant elles le Vieil-Pile et la Botte. La Pile va former le Pilat. La passe du sud est profonde et bien indiquée :

« Sur les dunes, dit Yvounet, au dedans de l'embouchure, il y a deux grands mâts de navire. Si vous désirez entrer, vous les amenez l'un pour l'autre et seront nord-est à l'est de vous.

» Tenez-les l'un pour l'autre et allez ainsi et passerez entre les deux bancs susdits et de basse mer, n'aurez pas moins que deux brasses d'eau, mais de haute mer cinq, cinq et demie et six brasses; et allez ainsi sur ces dites marques jusqu'au dedans des îles et finalement laisserez le banc à bâbord. »

Entre le cap Ferret et la pointe du sud se trouve un grand banc enserrant trois îles, au sud desquelles la passe du Papon avec six brasses de fond. Au nord, une petite passe avec trois brasses de profondeur seulement à haute mer.

Dans l'intérieur du bassin, des mouillages sont indiqués avec des profondeurs de douze, quatorze, quinze et seize brasses. Enfin, deux vues de l'entrée, quand on se trouve à deux lieues au large, complètent les explications de la carte.

En 1708, Masse, ingénieur hydrographe, fit le levé de la Gironde et de la côte jusqu'à Arcachon. Ses cartes sont manuscrites et inédites.

Son bassin d'Arcachon dont les levés intérieurs paraissent avoir servi à Cassini de Thury cinquante ans plus tard, est une carte d'une grande importance au point de vue géographique et sur laquelle je regrette de ne pouvoir m'étendre.

Elle confirme un fait important que j'avais observé à la suite de l'examen minutieux des cartes anciennes.

C'est que, pendant les XVI°, XVII° et XVIII° siècles, la presqu'île du Ferret était située beaucoup plus à l'est qu'elle ne l'est aujourd'hui et qu'en même temps que le chenal de Piquey l'érodait à l'est, l'Océan déposait à l'ouest des sédiments en même quantité.

D'après Masse, le cap Ferret est à deux kilomètres environ du cap Bernet. A un kilomètre au sud, la Passotte, passe ayant cinq à six pieds de fond à basse mer, et à un kilomètre encore au sud, la passe du Milieu, avec huit, sept, six et dix pieds de fond. Puis sur l'emplacement des îles Papon et Prigonéon disparues, une série de bancs de sable ne découvrant qu'en malines, appelés la Batture ou grande barre, au sud desquels, soit à environ 6,000 mètres du Ferret, la grande passe du Papon, n'ayant que dix à douze pieds d'eau, à basse mer sur la barre, mais ensuite dans le bassin trente et un, trente, vingt-neuf, vingt-huit, trente-quatre pieds d'eau.

A l'est de la passe du Papon, l'ancienne île de la Pile est soudée par le sud à la terre ferme, obstruant l'ancienne passe du sud et formant une lagune ou bassin qui existera jusqu'à la fin du XVIII° siècle sous le nom de Pilat.

Sauf le cap Ferret et la presqu'île qui sont plus à l'est, le reste du bassin est tel que nous l'ont fait connaître les ingénieurs de la fin du XVIII° siècle.

Quelques années plus tard, le groupe de bancs de sable est devenu l'île du Terray, et est ainsi désigné dans les cartes de Guillaume de l'Isle vers 1710 et de Renard en 1739.

D'après la carte de Renard, les fonds sur les passes et dans les chenaux sont les mêmes qu'en 1680.

D'après Guillaume de l'Isle, l'île des Oiseaux est appelée la Matote et le bassin du Pilat est largement ouvert au nord.

Lorsque le chevalier de Kearny fit en 1768 les levés des passes, la passe ancienne du Papon longeait la côte et était peu praticable; une nouvelle passe s'était ouverte au nord de celle-ci et se dirigeait de l'ouest à l'est. L'île de Matoc, témoin de l'île du Terray, se trouvait au nord de cette nouvelle passe.

Au sud du cap Ferret une petite passe du nord était peu praticable.

En 1775, la carte de l'abbé Dicquemare pour le *Neptune oriental* indiquait la même situation que de Kearny. La passe du Sud avait deux brasses et demie de profondeur.

Le baron Charlevoix de Villers fit en 1783 un relevé de l'entrée du bassin qui accompagnait son intéressant mémoire sur l'amélioration des passes et l'ensemencement des dunes.

Le cap Ferret, en face de Bernet, est séparé de l'île de Matoc par une passe n'ayant que cinq pieds d'eau à la barre et un pied seulement à son entrée dans le bassin.

Au sud de l'île et des bancs qui l'entourent, la passe de Kearny a quatorze pieds d'eau à la barre et dix-huit à dix-neuf à l'intérieur. Un banc submersible sépare cette passe de la passe du Sud ou du Papon, qui n'a plus que deux à trois pieds d'eau sur la barre et un pied à son entrée dans le bassin. Le bassin du Pilat, bien rétréci, est situé au nord-ouest de la passe du Sud, à l'ouest de celle de Kearny.

L'entrée, du cap Ferret à la pointe du Sud, a 7,583 toises, et d'après de Villers il existait à cette époque, au nord du cap, une ancienne passe, peut-être la Passotte, relevée par Masse.

La carte de Cassini n'indique pas les fonds. Le grand cartographe semble s'être servi, pour le tracé des crassats et chenaux, de la carte de Masse.

LE BASSIN PENDANT LE XIXᵉ SIÈCLE

Pendant le XIXᵉ siècle, les mouvements généraux des passes et de la côte, de l'entrée au cap Bernet, ont été les suivants :

L'île de Matoc devient le banc de Matoc dès le commencement du siècle et descend peu à peu au sud.

De 1805 à 1810, la passe est revenue au sud avec 4^{m}87 seulement sur la barre. Une passe nouvelle s'ouvre au nord, c'est la Canonnière, encore peu profonde. Les érosions sont très fortes vers le sémaphore actuel.

En 1813, la passe avance toujours vers le sud ; elle a 5^{m}20 sur la barre.

De 1768 à 1826, la presqu'île du Ferret, corrodée par le chenal de Piquey, s'est reculée à l'ouest, tandis que le cap est descendu du nord au sud-est de près de 5 kilomètres, et arrive à 900 mètres du Pilat, laissant entre lui et la côte un chenal de quatre-vingt-cinq à quatre-vingt-dix pieds de profondeur.

En 1826, la passe du Sud perd de sa profondeur et n'a plus que 4m55.

A cette époque, le centre des érosions est au Pilat, et un tourbillon des courants de jusant portant brusquement les eaux de l'est au nord-ouest, la passe de la Canonnière gagne tous les jours en profondeur, si bien qu'en 1835 elle atteint 5m50, tandis que la passe du Sud n'a plus que 3m20.

Un kilomètre du cap Ferret, qui recule à l'ouest puis au nord-ouest, est enlevé de 1826 à 1835, et les érosions se continuent jusqu'en 1877.

En 1849, il se produit un déplacement de la passe de la Canonnière ou du nord vers le sud. Ce mouvement continue et, en 1854, cette passe atteint 8 mètres de profondeur. Le sud est devenu impraticable, n'ayant que 2 mètres sur la barre. Une nouvelle passe tend à s'ouvrir vers le milieu de l'entrée en 1854.

En 1865, le banc de Matoc est jeté à la côte et affecte exactement la forme du Pilat, du Vieil-Pile et de la Botte, qui semble être une conséquence du régime du bassin. La passe du Nord, devenue passe du Milieu, atteint 8m50 aux basses mers, et une nouvelle passe, dite du Trincat, s'est ouverte à l'ouest avec 5m30 de fond.

Brusquement, entre 1865 et 1872, ces deux passes sont devenues impraticables, et en 1871 on reconnaît la passe dite de Flamberge ou du Sud, au sud des précédentes, orientée ouest-sud-ouest, qui, en 1872, atteint 6m50 de profondeur.

En 1883, Flamberge continue à se creuser et descend vers le sud-est. Depuis, cette passe ayant une grande tendance à s'approcher de la côte, a définitivement détruit le banc de Matoc, dernier témoin des îles des xvi°, xvii° et xviii° siècles.

Avec la disparition du banc de Matoc, la mer revient corroder la pointe du Sud.

Elle a repris sa position de 1854, et l'on constate que depuis 1887 les érosions sont actives sur les quatre points suivants :

Au nord du sémaphore ;

Au sud du poste de Moulcau ;
A la pointe du Bernet ;
Devant Arcachon.

LES PROJETS DE FIXATION DES PASSES

Voici quelques-uns des projets ayant pour but l'amélioration de l'entrée du bassin d'Arcachon :

Sous Louis XIV, Vauban avait déjà songé à utiliser le bassin d'Arcachon comme port de guerre, et le travail minutieux de Masse pourrait bien n'être pas étranger au projet du grand stratégiste.

Néanmoins, aucun projet sérieux ne fut élaboré à la fin du XVIIᵉ siècle, ni au commencement du XVIIIᵉ, et nous arrivons à l'exploration de Kearny et aux recherches du baron Charlevoix de Villers, sans rencontrer un travail complet sur la question.

En 1768, le baron Charlevoix de Villers proposait de fermer au moyen de fascines et de clayonnages les passes du Nord et du Sud, et de ne laisser subsister que la passe du Milieu ou de Kearny.

Il supposait que des dunes ne tarderaient pas à se former sur les bancs, au droit et à gauche de l'unique entrée, et que, dans le goulet, ainsi rétréci, les courants violents de flot et de jusant dragueraient suffisamment et profondément la passe. Son mémoire, accompagné d'un plan, n'eut pas de succès, grâce à des intrigues qui ne sont pas à la gloire de Brémontier, et le projet fut abandonné.

En 1792, Touldre proposait deux balises : une fixe munie d'un feu, et l'autre mobile pour indiquer les passes, en attendant les améliorations désirées.

En 1810, Tassard, pensant que seuls les sables provenant des dunes du Ferret, jetés par les vents d'ouest dans le bassin d'Arcachon, étaient cause du mauvais état des passes, demandait la fixation des dunes au nord du cap et la construction de deux pyramides au droit et à gauche des passes pour indiquer celles-ci.

En 1820, le baron d'Haussez proposait de fermer l'entrée depuis le cap Ferret jusqu'à la pointe du Sud, et d'en ouvrir une nouvelle au nord du cap, en face de Bernet, avec des estacades à chaque extrémité, des épis pour défendre les berges, deux phares, des balises, etc.

Beautemps-Beaupré, qui venait de sonder le bassin et en avait dressé une carte très complète en 1826, se déclara, le premier, contre ce projet.

A ce moment, le cap Ferret s'avançait à l'est vers la côte et n'en était pas à un kilomètre. La passe du Sud était menacée, celle de la Canonnière impraticable.

Sur l'insistance du baron d'Haussez, devenu ministre de la marine, une commission gouvernementale fonctionna en 1830 pour examiner ce projet et l'approuva.

En 1835, après les changements considérables survenus dans l'entrée du bassin, le recul du cap Ferret à l'ouest, les érosions du Pilat et l'ouverture de la passe de la Canonnière, l'ingénieur Monnier refit la carte du bassin.

Il se déclara, dans le mémoire qu'il adressa au ministre de la marine, suffisamment éclairé pour être autorisé à affirmer qu'aucun travail d'art, quelque bien imaginé qu'il fût, ne pourrait avoir pour résultat la création d'une passe de facile accès et encore moins la création d'un état permanent de cette passe.

En 1839, F.-E. Wissocq, ex-ingénieur hydrographe de la marine, reprenant la question et l'étudiant pratiquement à fond, proposait la fermeture des passes du Sud et du Nord, dont l'instabilité est due au régime du bassin qu'on peut modifier, l'ouverture d'une passe au nord du cap Ferret, en face du chenal d'Eyrac, la fermeture par obstruction du chenal de Piquey, principale cause des fermetures des passes du nord, en reliant la presqu'île du Ferret à l'île des Oiseaux.

Ce projet, basé sur l'observation tout élémentaire de ce qui se passe dans le bassin et que, le premier, Wissocq mit en lumière, était accompagné d'un devis des travaux s'élevant à 1 million et demi de francs. A l'époque où il fut présenté, il ne lésait aucun intérêt des riverains, et il offrait l'avantage de créer un port important et bien abrité.

Quinze ans plus tard, à la suite d'une décision ministérielle du 21 septembre 1854, M. Pairier, ingénieur ordinaire du service, faisait connaître dans un mémoire en date du 31 mars 1855, le résultat de ses recherches et proposait, pour guider le navigateur, de construire le long de la côte des amers en charponts, espacés d'environ 6 milles, d'établir de nouvelles bouées sur la passe et dans le bassin et de remplacer, une fois la passe fixée, les mâts-balises, qui existaient alors, par deux tours en charpente portant chacune un fanal; pour avoir une passe d'accès facile, de fixer sa position dans une direction à peu près normale à la côte et de fermer les chenaux secondaires, au moyen :

1° D'une jetée placée au sud, se prolongeant du côté du large, dans la direction de l'est à l'ouest jusqu'à l'alignement de la côte et rattachée par une courbe à la rive sud, défendue elle-même sur toute la longueur soumise aux érosions, soit sur 5,300 mètres;

2° D'une autre jetée partant de l'extrémité du cap Ferret, établie sur le banc du Toulinguet, longue de 2,000 mètres et dirigée vers l'extrémité de la jetée sud; de manière à éviter la déviation de la passe vers le nord, tout en restant en deçà de l'alignement de la côte;

3° D'épis de défense placés près de l'enracinement de la jetée nord, sur la côte extérieure du cap Ferret, jusqu'à 4,000 mètres de ce cap.

La largeur laissée libre entre les jetées était de 2,000 mètres; elles étaient submersibles et arasées à 1^{m}50 au-dessous des plus basses mers. Cet avant-projet établissait, à environ 11 millions de francs, les dépenses prévues.

Le 16 février 1857, une décision ministérielle prescrivait de réduire les travaux projetés à la défense de la rive sud du bassin et l'établissement d'une jetée à la suite, limitée provisoirement à la rencontre du banc de Matoc; l'exécution de la jetée nord devant être écartée pour le moment.

Le projet définitif dressé dans ce sens fut déposé le 5 novembre 1858, avec une prévision de dépenses de 7,500,000 fr., la jetée sud étant réduite à 1,715 mètres.

Le 14 août 1860, le Conseil général des ponts et chaussées donnait un avis favorable à l'exécution du projet; cependant l'État ayant restreint ces travaux à la défense de la rive extrême sud seulement, avec une dépense de 1,800,000 fr., les ingénieurs, dans un rapport du 6 mars 1862, exprimèrent l'avis que les travaux, ainsi incomplets, ne *tarderaient pas à être détruits* et qu'en outre la dépense atteindrait 2,600,000 fr.

Devant la gravité de l'affirmation, l'État offrit de consacrer 5 millions aux travaux de l'entrée du bassin, et le 30 novembre 1862, un nouveau projet, d'une jetée mixte, fut déposé dans ce sens. Ce projet n'eut pas de suite, on construisit néanmoins des amers et on établit un système complet de balisage des passes et des chenaux intérieurs pour la navigation de jour.

En 1872, M. Caspari proposait d'augmenter, au moyen de dragages, le cube d'eau emmagasiné dans le bassin par chaque marée et accroître ainsi l'action érosive du jusant sur les passes. Mais, dans ce projet, cet ingénieur n'espérait qu'améliorer l'entrée sans fixer les passes.

Ici s'arrêtent les projets d'amélioration des passes : aucun n'a eu de suites.

DISPARITION DE LA PLAGE D'ARCACHON

C'est vers 1848 que furent constatées les premières érosions de la rive sud du bassin devant Arcachon.

Le profil de la rive se compose, à la partie supérieure, d'une plage à pente douce qui se prolonge jusqu'au niveau des basses mers de vive eau, et au-dessous de ce niveau, d'un talus beaucoup plus raide, reliant la ligne de basse mer à un platin dont la profondeur moyenne est de 10 mètres. Ce platin lui-même rejoint par une assez faible pente les profondeurs des chenaux qui atteignent en divers endroits 20 mètres.

Vers le sud la rive s'abaisse et recule, en même temps la pente du talus sous-marin se raidit et la plage baisse et se rétrécit. Ces faits sont faciles à constater en comparant entre elles les cartes des divers hydrographes et des ponts et chaussées.

Plusieurs causes semblent concourir à ces évolutions désastreuses : la création de nombreux parcs à huîtres notamment, mais aussi, et ceci est établi, des érosions sous-marines au pied du platin sur lequel s'appuie la plage, soit à environ 8 mètres de profondeur, érosions paraissant dues à l'action exclusive des courants de jusant.

Sur les parties les plus élevées de la plage, au pied des dunes et sous les perrés, il est hors de doute que des écoulements d'eau douce érodent pendant les basses mers et contribuent au désastre.

On a beaucoup cherché à améliorer cet état de choses, sans y réussir, puis le découragement est venu ainsi que les récriminations injustes et injustifiées.

Les causes du mal étant à peu près connues, on rechercha le remède.

En 1874, une tentative de syndicat de propriétaires pour la défense de la plage fut faite sans résultat.

On imagina la fermeture des chenaux de l'est, en rejetant les eaux dans le chenal de Picquey, ainsi que l'obstruction du chenal de Cousse. Ces projets furent abandonnés à cause de l'incertitude des résultats.

On tenta un système de défense locale sur les points attaqués, soit une digue longitudinale en enrochements d'une longueur de 1,840 mètres, à 180 mètres environ au large des perrés, arasée à 7 mètres au-dessous des basses mers de vive eau. 14 épis transversaux, de 75 à 100 mètres, devaient relier la digue au talus sous-marin dans lequel ils se soudaient à 2 mètres sous les basses mers. Ces travaux allaient du débarcadère d'Eyrac à 360 mètres à l'aval de l'allée de la Chapelle.

Le projet fut approuvé le 1er août 1877. — Coût 400,000 fr.

En 1878 on commença les travaux devant la Chapelle. La digue fut construite sur 800 mètres de long, ainsi que 8 épis, mais les érosions devenant plus actives et les résultats qu'on attendait de ces travaux étant négatifs, on les abandonna à la suite d'une décision ministérielle du 17 juin 1881, après une dépense de 291,124 fr. 21.

En 1883 un projet de construction d'épis est approuvé par décision ministérielle, et le 10 mars 1884, le Conseil municipal d'Arcachon, à qui ce projet est soumis, y donne son adhésion ; mais, le 24 mars 1885, une décision ministérielle le modifie et la question est pendante depuis.

CONCLUSION

La reprise des projets du baron d'Haussez et de Wissocq, en les adaptant aux progrès accomplis depuis 1830 et 1839 dans l'art des grands travaux maritimes, serait possible en ce qui concerne l'entrée du bassin.

Les courants à l'Océan, au nord-ouest du phare, n'ont pas

une violence telle qu'ils puissent être un obstacle à leur réalisation et, en tout cas, les moyens puissants de dragage, dont on dispose seraient là facilement applicables, tandis qu'on ne peut rien tenter sur les passes au sud du cap Ferret.

L'étude des améliorations obtenues, en Hollande notamment, dans des baies ayant un régime similaire à celui du bassin serait nécessaire; car, abandonné à lui-même, le bassin d'Arcachon peut se fermer à la suite d'une série de gros temps, tandis qu'amélioré et rendu praticable à l'entrée, il peut, au contraire, être d'un grand secours pour le commerce et pour la défense nationale.

Enfin, une ville récente et florissante, Arcachon, dont les débuts promettaient un grand avenir et qui s'est imposé de gros sacrifices, se voit tout à coup, depuis quelques années, menacée dans sa propre existence. Sur une longueur de près de 3 kilomètres, la plage corrodée ne résiste plus et disparait totalement, laissant la mer attaquer les propriétés riveraines.

Aussi conviendrait-il d'appeler l'attention des pouvoirs publics sur une situation aussi grave et aussi périlleuse pour le bassin, que l'étaient, pour la région, les envahissements des dunes au siècle dernier.

J'ai, en conséquence, l'honneur de vous proposer le vœu suivant :

« Le Congrès,
» Considérant qu'il y a lieu de s'occuper sans plus tarder :
» 1° D'empêcher la plage d'Arcachon de disparaitre;
» 2° De rendre l'entrée du bassin praticable en tous temps et
» aux navires de tous tonnages;
» Émet le vœu :
» Que le Gouvernement procède à l'étude des travaux néces-
» saires. »

Ce vœu est adopté.

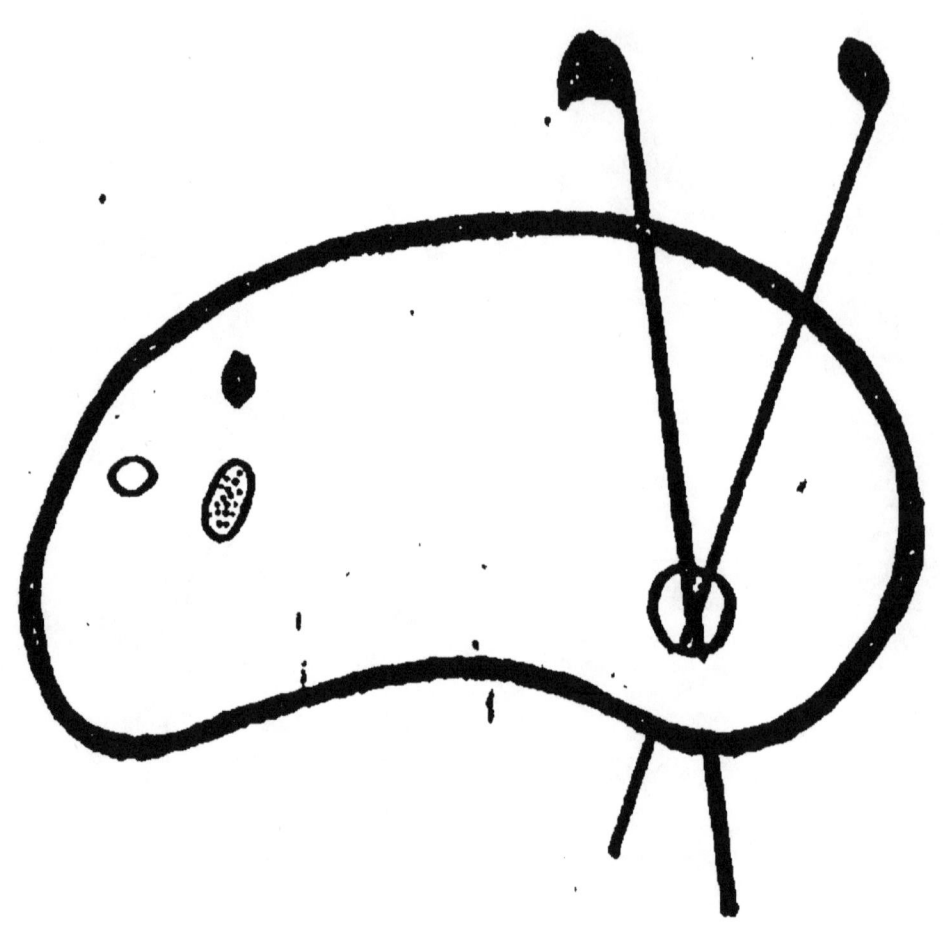

ORIGINAL EN COULEUR
NF Z 43-120-8

www.ingramcontent.com/pod-product-compliance
Lightning Source LLC
Chambersburg PA
CBHW060629050426
42451CB00012B/2506